L⁴ h
1272

LES
VICISSITUDES

DU

2ᵉ BATAILLON DE LA 3ᵉ LÉGION

(ARRONDISSEMENT DE DIEPPE)

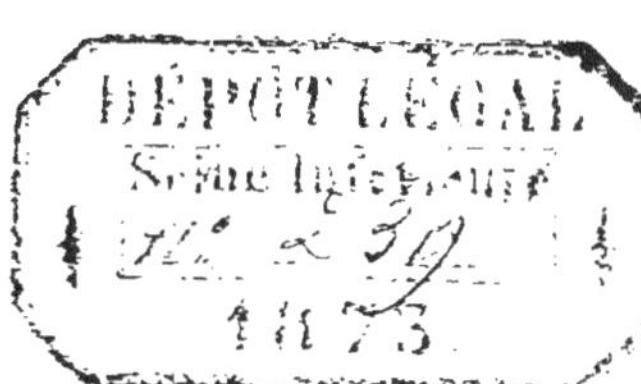

—

1870-1871

—

Bᵒⁿ DE BOSMELET

ROUEN

IMPRIMERIE DE H. BOISSEL

Rue de la Vicomté, 55

—

1873

Il était une fois un grand dictateur arrivé au pouvoir parce qu'il avait un œil crevé et qu'il était très versé dans l'art de danser le cancan et de culotter des pipes. Un jour le dictateur, voulant faire la guerre, donna l'ordre de réunir ses hommes d'armes. Le grand général qui commandait en Normandie ajusta sur son front son bonnet de bataille, en argent massif, et assembla les légions. C'était un terrible et imposant spectacle que celui de ces bataillons répondant à l'appel de l'organisateur de la défaite à outrance. Les officiers avaient reçu une éducation militaire des plus distinguées, puisque presque tous savaient signer très lisiblement leurs noms, et les soldats, qui n'avaient ni armes, ni vêtements, ni vivres, seraient devenus les premiers manœuvriers et les meilleures troupes du monde, s'ils n'avaient pas été uniquement employés à creuser et à combler des petits fossés dans les plaines, car tout le monde sait que lorsqu'un pays, grâce à une révolution, a le bonheur d'être en République, il suffit de frapper du pied le sol sacré de la patrie pour en faire sortir des myriades de héros.

Si je continuais de la sorte le récit des vicissitudes du deuxième bataillon de la troisième légion, celui qui prendrait la peine de parcourir ces quelques pages, pourrait penser que, m'inspirant du libretto de la *Grande Duchesse*, je cherche à le distraire par des histoires inventées à plaisir : or, je veux dire la vérité, toute la vérité, rien que la vérité. Je vais donc prendre les événements comme ils se sont suivis, et si l'on trouve que trop souvent le comique se vient mêler au tragique et le grotesque au sérieux, il ne faut s'en prendre qu'à ceux qui furent assez fous pour vouloir continuer la guerre, alors que nous n'avions plus d'armée, et assez coupables pour chercher, au prix d'incalculables malheurs, la satisfaction de leur ambition et de leurs instincts.

Je ne puis m'étendre sur les débuts de cette lamentable campagne, où nos braves régiments de Crimée, d'Italie, d'Afrique, écrasés par le nombre, succombèrent après des prodiges de valeur. Après le désastre de Sedan, où l'empereur perdait tout sans même sauver son honneur, la guerre semblait terminée ; en effet, la seule armée qui restait encore, bloquée dans Metz, allait être entourée par toutes les forces Allemandes devenues disponibles. Nous n'avions plus de troupes régulières, la garde mobile n'existait qu'à l'état de projet et la continuation d'une résistance, devenue impossible, ne pouvait amener que des conditions de paix infiniment plus dures et la ruine du pays. — C'est ce dont les avocats du 4 septembre s'inquiétaient peu ; aussi vîmes-nous M. Gambetta, se faisant ministre de la guerre, proclamer la guerre à outrance et, par un simple décret, appeler aux armes les hommes de vingt-cinq à quarante ans (1); c'est à partir de ce moment que je vais suivre le deuxième bataillon de la troisième légion.—Aussitôt le décret paru, les listes des mobilisés furent dressées dans les mairies, aussi vite et aussi consciencieusement que possible, et dès que les communes eurent été groupées par circonscription de compagnie de 100 à 120 hommes environ, on procéda à l'élection des officiers. Depuis lors, les circulaires et les dépêches se succédèrent sans interruption. Le préfet Desseaux, le commandant supérieur Estancelin et même un certain Chambon, sous-préfet de Dieppe, sur le compte duquel j'aurai plus tard à revenir, chacun voulait organiser au milieu de la désorganisation générale et donner des ordres à travers du plus profond des désordres. Il fallait armer les hommes, les exercer, les équiper, tout cela sans savoir comment, et un pauvre commandant de compagnie, en présence des ordres qu'il recevait, des états qu'il devait remplir, ne savait auquel entendre ni à quel saint se vouer. — La garde nationale sédentaire avait été armée de fusils de rebut de tous modèles, dans quelques communes les pompiers avaient des fusils rayés; on choisit ce qu'il y avait de moins mau-

(1) Cette levée des mobilisés avait quelque analogie avec les levées dites autrefois l'*arrière-ban*, qui comprenait tous les hommes valides de dix-huit à soixante ans ; l'arrière-ban fut convoqué pour la dernière fois sous Louis XV, en 1758, dans les provinces de Poitou, de Saintonge et d'Aunis, pour défendre les côtes, menacées par les Anglais.

En 1813, Napoléon ressuscita le nom de cette vieille institution oubliée du *ban* et de *l'arrière-ban* : Les gardes nationales furent organisées au premier ban et au deuxième ban : le premier, composé des hommes non mariés, rejoignit l'armée active en Allemagne, le deuxième fit le service à l'intérieur.

vais, et les mobilisés se trouvèrent armés les uns, en petit nombre, de fusils rayés, les autres de fusils à pierre transformés ou de fusils à pierre.

A voir la curiosité étrange avec laquelle les hommes regardaient ces engins de destruction, la façon peu gracieuse et peu adroite dont ils les portaient, on sentait toute l'importance des exercices : mais on ne pouvait en conscience, sans être à même de les payer, forcer à des réunions fréquentes des gens, pour la plupart ouvriers, obligés de travailler pour vivre ; on annonçait de l'argent, mais on ne voyait rien venir, aussi nous prîmes le parti, M. de Folleville, alors capitaine de la deuxième compagnie, et moi, d'aller trouver le sous-préfet.

Sorti de l'arrière-boutique de je ne sais quel mauvais journal, M. Chambon, en bon employé du 4 septembre, nous reçut la casquette sur la tête, et il lui fallut quelque temps avant de comprendre que ce sans-gêne nous convenait peu. Il blâma avec juste raison le mauvais vouloir des maires qui refusaient de faire habiller les mobilisés de leur commune ; nous dit de la manière la plus positive de faire habiller ceux dont on avait le mauvais cœur de ne pas s'occuper au moment si grave du départ, et nous promit de prendre des mesures au sujet de la solde.

Dès le surlendemain, une circulaire signée Chambon nous avertissait que les hommes seraient payés à raison de 1 fr. 50 c. par jour.

Sur la foi des traités, je réunis ma compagnie, et, le 28 octobre, je commençai à la faire travailler. Ce n'était pas chose facile que de dresser rapidement des hommes complétement ignorants du métier et du service militaire, en ayant pour aides des officiers et sous-officiers, ayant beaucoup de zèle et de bonne volonté, mais peu ou point de connaissances spéciales : chacun faisait de son mieux et les progrès étaient chaque jour sensibles. Petit à petit les hommes se trouvaient habillés et la compagnie prenait un air militaire. La solde, malgré la circulaire si positive du sous-préfet, n'arrivait toujours pas. Je me rendis à Rouen, à l'état-major de la garde nationale mobilisée. Le colonel, M. Duquesnay, un homme comme malheureusement nous en avions bien peu, me dit que M. Chambon s'était mêlé de ce qui ne le regardait pas, que la solde ne pouvait être que de 1 fr. et même de 50 centimes, à titre d'indemnité, qu'il n'avait pas d'argent, etc. Cependant il comprit l'engagement que la circulaire en question m'avait fait prendre vis-à-vis des hommes et il me fit remettre une somme d'environ 800 fr., que je tâchai de faire durer le plus longtemps possible, afin de pousser de mon mieux l'instruction de la compagnie.

Le 8 novembre, les officiers et délégués des neuf compagnies qui devaient former le deuxième bataillon, se réunirent à Longueville pour procéder à l'élection d'un chef de bataillon. M. de Folleville fut élu. Ancien officier de cavalerie, démissionnaire en 1830, il était par sa position, son honorabilité, les services précédemment rendus, ses connaissances militaires, le candidat sur lequel les voix devaient se réunir, mais il fallait compter avec les amitiés personnelles et les sympathies locales. Du reste, par la suite, même ceux qui n'avaient pas voté pour lui, reconnurent combien le choix avait été bon, et pour tout le bataillon, M. de

Folleville fut toujours le chef le plus aimé et le plus respecté.

Le 21 novembre je reçus la lettre suivante :

« Par ordre du colonel, convoquez de suite votre
« compagnie ; elle se rendra mardi à pied à Dieppe et
« se trouvera devant la mairie à midi ; c'est là que le
« casernement sera indiqué aux hommes. Je compte
« sur les ordres les plus sévères et les plus pressants
« de votre part.

« Agréez, etc.

« Le chef de Bataillon,
« L. de Folleville. »

Les hommes étaient dispersés dans sept communes différentes, il n'y avait pas de temps à perdre pour les avoir tous réunis le lendemain. J'expédiai des exprès de tous côtés et voulant être exactement à 12 heures à Dieppe, je m'entendis avec la compagnie du chemin de fer pour nous faire transporter à Saint-Aubin. Le mardi matin toute la compagnie était réunie.

Ne donnaient-ils pas une grande preuve de bonne volonté et de patriotisme ces hommes qui, ayant tous satisfait à la loi de la conscription, prenaient les armes sur un décret de M. Gambetta et partaient sur un simple avis, sans ordre précis et sans feuille de route, décidés à faire leur devoir de bons français, résolus à défendre leur patrie ? Le départ avait quelque chose de solennel et d'émouvant, car, malgré les rires et les chants, on sentait la gravité des circonstances, on se demandait en soi-même : Où va-t-on ? Qu'adviendra-t-il ? Et l'on pressait avec effusion les mains des parents et des amis qui étaient venus faire la conduite.

Le temps était effroyable, comme il le fut pendant toute la durée de cette malheureuse guerre. Bien que la route de Saint-Aubin à Dieppe ne soit pas bien longue, nous fûmes trempés jusqu'aux os. La pluie tombait à torrents, pas encore assez, cependant, pour dégriser un de mes volontaires (j'en avais deux dans ma compagnie), qui était ivre à ne pas se tenir debout. Le moment du départ lui avait été fatal ; il n'avait pu refuser à tous les amis, qui le félicitaient de sa brillante détermination, le toast des adieux ; peut-être, au moment de quitter le pays, Bellonne et Vénus se livraient-elles dans son cœur un combat dont il voulait étouffer le bruit par de copieuses libations. Bref, il lui fut impossible de suivre la colonne. Je le fis ramener par une charrette, et il fut tout surpris le lendemain de se réveiller en prison. Des logements nous furent indiqués, et ici je ne puis adresser à la ville de Dieppe qu'éloges et remercîments. Dans ces casernements improvisés, on remarquait l'attentive sollicitude d'une administration municipale intelligente, secondée par le cœur et le patriotisme des habitants, qui avaient fourni lits, matelats, draps et couvertures. Dès le lendemain 23 novembre, le bataillon fut réuni sur la plage. Des neuf compagnies qui le composaient, la première était la seule complètement habillée ; la deuxième l'était en partie, et toutes les autres étaient, sous le rapport de l'équipement et de l'armement, dans le plus triste des états. On a bien parlé, à propos des guerres de la soi-disant glorieuse République, des bataillons de la Moselle en sabots. Hélas ! le deuxième bataillon n'était même pas initié à ce raffinement ! La plupart des hommes n'étaient chaussés que de savates percées à

jour et vêtus de pantalons et blouses de toile, qui ne
pouvaient les garantir des rigueurs d'une saison excep-
tionnellement glaciale ; aussi, vit-on, pendant les exercices, des hommes (sixième compagnie), saisis de froid,
tomber tout à coup foudroyés, et il n'était besoin, pour
les rappeler à la vie, que de leur procurer un peu de
chaleur. — Quant à l'armement, des fusils modèle
1822, transformés en fusils à piston, et peu de fusils
rayés, moins que l'on aurait pu en avoir, car il y eut
des compagnies de pompiers qui refusèrent énergiquement, par la voix de leurs chefs, de se dessaisir de
leurs armes au profit des mobilisés appelés à l'activité.
Pour savoir, du reste, quel usage ils en firent, il convient d'ajouter qu'un de ces officiers de pompiers, parti-
san de l'armement à outrance, se retrancha derrière son
âge pour ne pas marcher, alors que tous les hommes
de cœur de sa commune se rendaient, certain dimanche, à Saint-Victor, où l'ennemi était signalé.

La solde ne venait toujours pas, et comme on ne
faisait pas de distributions, il fallait pour que les
hommes pussent trouver le moyen de vivre, leur
donner les vingt sols par jour auxquels ils avaient
droit. Je payais ma compagnie, le commandant avan-
çait de l'argent aux capitaines qui n'en avaient pas
assez, et les ordinaires s'organisaient. Les plus heureux
étaient ceux qui pouvaient manger chez les Petites
Sœurs des Pauvres. Ces bonnes religieuses, toutes à la
bienfaisance et à la charité, avaient bien voulu, après
le service de leurs pauvres habitués, venir à notre aide.
Moyennant une redevance modique, elles nourris-
saient trois compagnies qui, deux fois par jour, se
succédaient de demi-heure en demi-heure dans le ré-

fectoire, autour des tables véritablement fort bien servies. N'en déplaise aux radicaux, les hommes adoraient les bonnes sœurs et étaient pour elles pleins de vénération et de respect.

La troisième légion avait pour colonel M. de Cornebize. Le désir de se rendre utile, dans un moment où un officier *pour de bon* était chose si rare, lui avait fait quitter le commandement du château de Dieppe pour reprendre un service plus actif. Il mettait tout son zèle à organiser sa légion : grâce à lui les effets d'habillement et d'équipement arrivaient, et le bataillon se transformait à vue d'œil. Les exercices continuaient sur la plage deux fois par jour, les hommes prenaient petit à petit l'habitude du service, l'école du soldat, l'école de peloton, marchaient à souhait, le commandant nous fit même commencer l'école de bataillon ; il nous fallait bien savoir faire une marche en colonne, par pelotons, et se remettre en bataille, car une revue du général Estancelin était annoncée pour le 28 novembre à deux heures. — On se prépare de son mieux ; le grand chef ne se fait pas trop attendre, et après avoir passé devant le front des troupes, sans avoir demandé l'exécution du moindre mouvement (il eut peut-être été fort embarassé de le faire), il réunit tous les officiers autour de lui et s'exprima en des termes graves et solennels dont voici le sens :

« Messieurs, au milieu des tristes circonstances que nous traversons un cri s'élève, cri de détresse et de douleur, c'est le cri de la France ; elle requiert l'assistance de tous ses enfants, ne soyez pas rebelles à sa voix et marchez courageusement pour défendre le sol sacré de la patrie violé par l'invasion étrangère. Puisez dans le sentiment du devoir le sang-froid et l'énergie dont vous aurez besoin pour rompre les bataillons serrés d'un arrogant ennemi. Le peuple français est un peuple de braves, marchez donc avec confiance à la tête de ces dignes enfants de la Normandie : Sachez rester ce qu'étaient vos pères et montrez que le sang qui coule dans vos veines n'a point dégénéré. Arrière les défaillances et les illusions ! Honte à jamais à ces villes qui se livrent sans défense ? Qu'on nous ruine, mais gardons intact l'honneur, ce trésor si précieux pour toute âme vraiment éprise de l'amour de son pays. Pour moi, Messieurs, moi qui vous parle, dussé-je de mes propres mains porter la torche incendiaire dans ma maison, pour lui éviter la souillure de l'étranger, je ne reculerai pas devant cette extrémité et m'estimerai heureux, au prix de ma fortune, au prix de mes souvenirs, de contempler les flammes ravissant à la cupidité de nos ennemis l'asile sacré de mes ancêtres. »

A quoi M. Dumesnil-Addelé, chef de bataillon de la sédentaire de Dieppe, rompant avec tous les usages militaires, adresse des paroles pleines d'enthousiasme au général Estancelin, lequel riposte par les paroles élogieuses que voici :

« Merci, commandant, votre témoignage me touche profondément, il part du cœur d'un brave, car, il n'y a pas huit jours, je vous ai vu aux avant-postes (? ?) »

Le grand tort de M. Estancelin a été de se croire homme de guerre : son commandement ne pouvait avoir rien d'effectif et de réel, puisque les mobilisés se trouvaient embrigadés de divers côtés sous des ordres différents. Son rôle devait être purement civil et semblable à celui assigné jadis au comte Beugnot, lorsque Napoléon Ier lui confia la mission d'organiser la garde nationale dans le Nord. Par malheur, M. Estancelin a voulu se parer militairement du panache pompeux du *général Boum*, et certes lui aussi a pu chanter en maintes circonstances, et principalement en abandonnant la ville de Rouen :

En ce moment mon panache est fort gênant !

Tellement gênant son panache, que ses lourdes plumes, se choquant, se balançant et se heurtant au gré du vent, produisirent certaine crépitation que le général, peu initié aux bruits de la guerre, prit sérieusement pour la voix foudroyante du canon, comme il le fit savoir par une dépêche datée de Bourg-Achard, que j'aurai à citer plus loin. Mais laissons M. Estancelin repartir pour Rouen, où il va sans doute étudier ce qu'il faut faire pour couper et envelopper l'armée ennemie, *comme de la galette* (toujours d'après la *Grande Duchesse*), et retournons sur la plage, où M. Dumesnil-Addelé, pour bien terminer la fête, nous invite à venir tous à l'hôtel Royal rompre la brioche de l'amitié.

Le sous-préfet Chambon arrive des premiers ; il est laid, court, gros et commun, aussi ne vient-il pas pour exhiber sa personne, qui fait penser aux grands parents de M. Littré, mais pour placer le discours suivant :

« Messieurs, vous êtes appelés au rôle le plus noble et le plus glorieux qui puisse séduire des âmes vraiment républicaines. Au nom de ces glorieuses institutions que la plus pure, la plus juste et la plus loyale des révolutions vient de rattacher à la glorieuse chaîne du passé, demeurez convaincus que dans le gouvernement républicain réside en tout temps la force, la gloire, la prospérité de la France, et aujourd'hui, alors qu'une main téméraire semble l'avoir lancée dans l'abîme, aujourd'hui, son salut et sa délivrance !! Le temps n'est plus, Messieurs, où tout se mouvant par la volonté d'un seul homme, nos armées étaient livrées à l'incapacité de généraux élevés aux plus hauts grades par le caprice, la faveur et le bon plaisir. Elle a disparu l'époque trois fois néfaste où des fonctionnaires sans mérite et sans caractère encombraient de leur incapacité l'administration de nos provinces. Que de tels souvenirs, s'ils reviennent à notre pensée, nous écartent à jamais d'une forme de gouvernement qui, pendant vingt ans, a dominé la France, en comprimant ses aspirations, en refoulant ses plus nobles élans ; qui pendant vingt ans lui a ravi la liberté, cette seconde vie des peuples !! Oui, Messieurs, entourons ce passé d'une réprobation générale, et soyons persuadés que le salut du pays, le succès de nos armées demeurent dans le gouvernement qui nous dirige, dans le gouvernement républicain, palladium de toutes nos libertés ! *Vive la République !* »

Cette ridicule et stérile faconde, déclamée d'une façon tragique et avec une prodigalité de gestes qui rappelaient la manière de Mme Thierret, les dernières paroles poussées avec l'éclat dépourvu de *brio* d'un ténor de Carpentras, atteint d'une bronchite et voulant malgré tout donner l'*ut* de poitrine, furent saluées ou plutôt fustigées par les cris unanimes de : *Vive la France !*

Convenait-il, en effet, à ce sous-préfet d'aventure,

d'agiter maladroitement devant nous le drapeau d'un parti, quand nous ne devions songer qu'au drapeau de la France. N'aurait-on pas pu lancer à l'adresse de l'orateur la morale de la fable, *l'Enfant et le Magister :*

> Eh! mon ami, tire-moi de danger,
> Tu feras après ta harangue.

En rôdant à travers la salle, en quête de poignées de main et de félicitations, M. Chambon fut accosté par un sous-lieutenant de la troisième, qui lui fit de fort justes observations sur de trop nombreuses nominations de maires, pris dans la catégorie des hommes de vingt-cinq à quarante ans. Ledit officier, bien connu dans les plaines de Soquentot par ses mœurs douces et pacifiques, aurait été bien aise de savoir, si ce nouveau mode d'exemption ne rapportait pas un petit profit à l'intègre fonctionnaire républicain. L'énorme morceau de brioche qu'il tenait d'une main, le verre de punch qu'il avait dans l'autre, nuisaient un peu à la majesté du geste, mais la bouche n'était pas assez pleine pour empêcher complétement le mouvement de la langue. Le sous-préfet n'eut pas l'air de comprendre et passa avec dignité. Pour en finir avec ce triste personnage, hâtons-nous de dire qu'à l'arrivée des Prussiens, sous prétexte d'aller rejoindre l'armée de la Loire, il se sauva en Angleterre, et qu'après la guerre, ayant repris dans une petite ville de l'Est son métier de journaliste, il se fit administrer une paire de soufflets, qu'il garda, bien entendu, par un officier pour lequel il avait été inconvenant.

Le 1er novembre, à minuit (c'est toujours à minuit que ces choses-là arrivent), j'entendis frapper à outrance à la porte de la maison hospitalière où j'avais été reçu, ainsi qu'un de mes sous-lieutenants, le comte de M**, avec la plus affectueuse amabilité. On venait me dire de me rendre immédiatement au château. Le commandant et tous les capitaines arrivent avec empressement et le colonel nous donne connaissance d'une dépêche de M. Estancelin, lui donnant l'ordre d'envoyer vers Buchy les *mieux équipés et les mieux exercés* (*sic*) ; — votre compagnie, me dit le colonel, est la seule qui se trouve dans ces conditions, préparez-vous à partir le plus tôt possible. Je me permets de faire observer au colonel que ma qualité de volontaire est un gage du désir que j'ai de marcher, mais que j'aimerais mieux partir comme simple soldat que de voir ma compagnie me reprocher peut-être le zèle que j'ai mis à l'instruire et à la faire équiper, ma bonne volonté étant cause de sa séparation d'avec le reste du bataillon. Le colonel me donne un ordre positif, il n'y a plus rien à dire et je vais tout de suite faire les préparatifs du départ. On nous accompagne à la gare et jamais je n'oublierai la cordialité des adieux qui nous sont faits. Notre bon commandant voudrait partir avec le détachement, et mon lieutenant, chargé depuis quelques jours des fonctions d'adjudant-major, pleure de ne pouvoir être des nôtres. — A ce moment, l'élan du patriotisme était ardent et sincère et l'on eût pu certes tirer meilleur parti de ces braves gens qui partaient si résolûment et si gaiement, croyant marcher à l'ennemi. — Arrivé à Rouen, je fais former les faisceaux sur la place de l'Hôtel-de-Ville et j'attends des ordres. Je ne vois rien venir ; la poussière, comme pour sœur Anne, n'y était pour rien, car la pluie tombait sans interruption : Je me décide le soir même à aller à l'état-major. J'y trouve M. d'Estaintot, M. Duquesnay, et je réclame énergiquement des billets de logement, des vivres et de l'argent ; mes demandes sont trouvées justes et l'on m'introduit auprès du commandant supérieur lui-même. Je lui expose que mes hommes n'ont pas encore mangé de la journée, que depuis notre mobilisation nous n'avons pas touché de solde et qu'il m'est impossible de continuer des avances à ma compagnie, attendu qu'il ne me reste pas un louis dans ma poche. M. Estancelin, que j'ai intéressé à ma cause en lui disant à chaque mot : mon *genrrral*, me fait avoir des billets de logement, il me promet de l'argent pour le lendemain et, à titre d'avance, me prête cent francs que je distribue à mes hommes pour avoir du pain. Le lendemain, 3 décembre, nouvelle pose sur la place de l'Hôtel-de-Ville ; je continue mes démarches, je finis par obtenir le prêt de cinq jours, et vers quatre heures je reçois enfin l'ordre d'aller camper au-dessus d'Isneauville. Au moment de partir, le capitaine-adjudant-major du premier bataillon, que j'avais vu dans la journée sur la place à la tête de deux compagnies, vient me prier de lui prêter mon tambour afin de tâcher de réunir ses hommes auxquels il a permis de rompre les rangs et qui ont largement profité de la permission. Le tambour fait le tour de la place en battant la générale, mais je suis pressé de partir, je le rappelle et je laisse le vieux capitaine en détresse. Mon volontaire qui, pour le coup croit vraiment partir pour la gloire, s'est tellement grisé que, pour la deuxième fois (pas la dernière), il lui est impossible de suivre ; je l'enferme dans le corps-de-garde de la place et je me

2

mets en route. J'ai l'heureuse idée d'acheter, place Beauvoisine, tout ce que je trouve de pain chez un boulanger que je vois en passant ; jamais argent ne fut si bien employé, car ce pain, en quantité hélas insuffisante, fut tout ce que nous eûmes à mettre sous la dent jusqu'à l'arrivée au Havre.

La route était couverte de troupes de toutes sortes qui allaient et qui venaient. A Isneauville, je cherche à savoir où il faut se placer, impossible d'avoir un renseignement ; un peu plus loin, un camp énorme à en juger par les centaines de feux qui illuminaient la plaine : ne pouvant savoir qui commande, ce qu'il faut faire, où il faut aller, je vais me mettre un peu à l'écart contre un petit bois. Le froid avait pris avec une extrême violence, il gelait à dix degrés et il était impossible de se réchauffer. Au milieu de la nuit, deux alertes causées, l'une par un pochard dont on fait bien entendu un espion Prussien, l'autre, par le bruit d'un fusil qui tombe d'un faisceau. A trois heures du matin, le bruit circule qu'il faut battre en retraite sur Rouen. Je défends que l'on ne bouge avant un ordre positif, et, au bout d'une demi-heure d'attente, un jeune homme à cheval, en uniforme de Saint-Cyrien, se disant aide-de-camp de je ne sais qui, me dit qu'effectivement il faut regagner Rouen. La route est fort encombrée et la compagnie qui marche en ordre avance lentement. Arrivé à Rouen vers six heures, je cherche à me procurer de la monnaie pour distribuer aux hommes, lorsque j'entends un coup de fusil suivi bientôt de beaucoup d'autres. Mon sergent-major arrive à moi en me disant que la ville est rendue aux Prussiens et que nous n'avons que le temps de filer. Le capitaine d'Estaintot, que par hasard je rencontre, me dit que l'ordre est donné de se replier sur Honfleur. — La démonstration à coups de fusil que faisait le bon peuple sur l'Hôtel-de-Ville où étaient les conseillers municipaux et les notables, n'était guère de mon goût: Je fais visiter et charger avec soin les fusils, bien décidé à riposter sévèrement si une balle venait de notre côté : et à l'heure où j'écris ces lignes, je suis encore poursuivi par un remord et un regret, c'est de n'avoir pas tout d'abord salué la foule d'un bon feu de peloton ; les braves gens auraient été calmés sur le besoin que partout et toujours ils paraissaient avoir de grossir les émeutes de leur présence, et les mauvais auraient compris qu'ils avaient tort de menacer et d'insulter des hommes qui avaient fait consciencieusement leur devoir. Ici commence, à proprement parler, la déroute de Buchy, sinistre et lamentable épisode de cette défense nationale et de cette guerre à outrance décrétée par des *foux furieux*.

Une trentaine de mille hommes fuient, sans savoir pourquoi, dans le plus effroyable désordre ; ils fuiraient encore s'ils n'étaient pas arrivés à la mer. La route est encombrée d'hommes de toutes les armes : troupes de ligne, francs-tireurs, mobiles, artilleurs, mobilisés, se traînent épuisés, harassés. Il en est qui n'ont rien mangé depuis trois jours ; leurs vêtements sont en lambeaux, leurs souliers sont déchirés ; on pourrait suivre leurs traces au sang qu'ils laissent sur le chemin ; l'eau-de-vie, seule boisson que, de loin en loin, ils ont pu se procurer, est impuissante à ranimer leurs forces, et, de chaque côté de la route, on voit des malheureux qui, épuisés de fatigue et de besoin, se couchent dans le fossé ou sur un tas de caillou, pour ne plus se relever. A Bourg-Achard, où je m'arrête deux heures, je trouve, à prix d'argent, une voiture que j'envoie au Bourgtheroulde chercher des vivres ; on m'apporte quelques pains que je distribue à mes hommes, et nous repartons. Cette pause de deux heures fait que nous trouvons la route moins encombrée ; on marche plus facilement ; mais la nuit est glaciale, et la lune éclaire d'une lumière lugubre les visages blêmes et décomposés des malheureux qui gisent au bord du chemin. A Pont-Audemer, le hasard me procure le moyen d'embarquer ma compagnie sur un bateau à vapeur en partance pour le Havre. Je profite de cette bonne fortune avec d'autant plus d'empressement qu'après avoir marché deux jours et deux nuits depuis le départ de Rouen pour Isneauville, sans repos et sans vivres, mes hommes étaient exténués, et que, pour ma part, je ne sais si j'aurais pu continuer jusqu'à Honfleur.

Pendant ce temps, voici ce qui se passait à Dieppe. Des dépêches alarmantes ayant informé l'autorité supérieure du danger qui menaçait notre pays, on chercha si l'on pouvait encore trouver des hommes en état de marcher à l'ennemi. La question d'habillement était indispensable, puisque les Prussiens ne reconnaissaient pas pour belligérants ceux qui n'avaient pas d'uniforme. Dans la deuxième compagnie, une quarantaine d'hommes étaient à peu près habillés ; on résolut de les diriger en chemin de fer sur Auffay ou autre point menacé. La compagnie étant réunie, on fait sortir des rangs les hommes pourvus d'uniformes, et, après les avoir munis d'une bonne provision de cartouches, on se prépare au départ. Tous les officiers de la deuxième ont à cœur de marcher avec le détachement, auquel vient se joindre le commandant. On se dirige vers la gare, où, après deux heures d'attente, on signale un train venant de Rouen, il va pouvoir emmener les partants. Mais on apprend que les Prussiens ont tiré sur le train dans la tranchée d'Etaimpuis, le conducteur a été tué d'une balle dans la tête ; des voyageurs ont été blessés. Le chef de gare déclare alors, qu'étant responsable de son matériel, il ne peut faire partir un convoi. Les quarante hommes sont divisés en deux détachements qui vont occuper les postes établis, l'un sur la route d'Arques, l'autre sur la route d'Eu. La consigne était celle-ci : « Si, pendant la nuit, l'approche de l'ennemi vous est signalée par l'arrivée de cavaliers, faites rentrer tous les hommes dans le poste ; ouvrez la barrière ; faites-la refermer après le passage de l'ennemi, et alors, toute communication étant, par cela même interrompue avec le dehors, vous viendrez à bout de ces éclaireurs qui ne sauraient être nombreux. » Or, vers minuit, le chef du poste de la ville d'Eu est informé, par une sentinelle avancée qui se replie à pas de loup, qu'un cliquetis de sabres accompagné d'un bruit de pas de chevaux se fait entendre dans le lointain. La chose reconnue exacte, on ouvre la porte, les hommes rentrent, on renouvelle les amorces, on éteint les lumières, et bientôt le chef de poste voit passer devant lui deux cavaliers qui doivent être évidemment des uhlans. Vu leur petit nombre, il juge qu'il convient de ne pas commander le feu, mais de les faire prisonniers. On referme la porte de la route puis on s'élance à la poursuite des deux cavaliers qu'on reconnaît être... deux gendarmes. Si le capitaine qui commandait le poste (un brave militaire qui fit ses preuves devant Sébastopol), perdant son sang-froid, eut ordonné le feu, quelle funeste mésaventure on aurait eu à déplorer ?

Le lendemain, 6 décembre, le régiment est formé sur la Plage, et il ne tarde pas à abandonner la ville de Dieppe. On ignorait où on allait, où étaient les Prussiens ; les imaginations travaillaient, et l'on se demandait avec inquiétude si, en cas d'attaque, ces cinq mille hommes, dont deux cents peut-être avaient des cartouches, seraient en état d'opposer une résistance honorable, même à un faible détachement ennemi porteur d'armes de précision. Le colonel d'ailleurs, sur lequel reposait, en pareille circonstance, la plus lourde et la plus terrible des responsabilités, conservait le calme et la fermeté qui ne l'ont jamais abandonné. Il avait mis pied à terre et sa sollicitude le dirigeait à chaque instant vers les soldats, auxquels il s'efforçait de donner confiance et bon courage.

Le régiment passa la nuit à Saint-Valery, où il fut reçu par tous les habitants avec une véritable cordialité, et arriva le lendemain vers quatre heures du soir à Fécamp. — A trois heures du matin on entend par toute la ville battre la générale, on se réunit en hâte sur la place de la Mairie au milieu de la plus grande confusion, sans distinction de bataillon ni de compagnie ; les hommes sont dirigés par bandes de quarante à cinquante vers le chemin de fer où ils s'entassent dans les wagons : un premier train est formé, puis un deuxième, puis un troisième, et quand on suppose que tout le monde est embarqué, le premier

train se met en marche; le deuxième le suit lentement, mais avant que le troisième ne soit ébranlé, une
immense confusion se produit : la voie est, dit-on,
intercepté, le premier train, après avoir franchi quatre
cents mètres, rebrousse chemin en faisant reculer le
deuxième qui le suit : on descend avec précipitation,
c'est alors une cohue épouvantable, on crie, on se bous-
cule, et les officiers cherchent vainement à rallier
leurs hommes. On se dirige de nouveau vers la place
de la Mairie où après des difficultés inouïes on par-
vient à se former tant bien que mal en bataille. Le
colonel met le régiment en marche. Le temps était
affreux, la neige tombait par flocons, les hommes mal
vêtus, à peine nourris, avançaient péniblement. Le
colonel, par quelques paroles énergiques, rétablit
l'ordre pour un instant, mais bientôt la légion n'offrit
plus que l'aspect d'une foule d'hommes se traînant au
milieu du plus grand désordre. C'est dans cet état
qu'elle arriva au Havre le 7 décembre au soir, après
avoir traversé Etretat dont tous les habitants firent
preuve de bon cœur et de dévoûment. Le deuxième
bataillon fut caserné à la manufacture des tabacs et
laissé quelques jours au repos dont il avait un si grand
besoin.

Cependant la première compagnie, après une heureuse traversée, où elle comprenait combien ils ont raison ceux qui conseillent de ne s'embarquer que l'esto-
mac plein, arrivait au Havre le 6, dans la matinée.
Tous ceux qui n'ont ni le pied ni le cœur marins
reprennent terre avec plaisir ; pour mon compte, j'a-
voue que je quittai avec satisfaction la nef hospitalière
qui nous avait épargné la route de Pont-Audemer à

Honfleur. Aussitôt débarqué, je me rendis à la mairie pour avoir vivres et logements. Je ne partage guère les opinions politiques de M. le maire du Havre, mais je dois reconnaître que dans cette circonstance, comme dans celles où je me trouvai avoir à faire à lui, il se montra serviable au possible, généreux et empressé : Je lui réitère ici l'assurance de ma gratitude. On me donna sur le champ du pain en abondance et l'on mit à ma disposition un magasin rue de Fontenelle, où j'installai mon monde. M. Pellerin, le propriétaire du magasin, fut d'une obligeance extrême, j'obtins des paillasses, et grâce à un petit poêle entretenu avec autant de vigilance que pouvait l'être le feu des Vestales, mes hommes purent se réchauffer et se reposer. Au bout de trois jours seulement, j'appris la présence au Havre du bataillon ; j'obtins de rester provisoirement dans le petit casernement de la rue de .Fontenelle. Combien de fois depuis y avons nous pensé avec regrets.

En achetant, dans la rue, le premier journal qui me tomba sous la main, je fus surpris et indigné d'y lire la dépêche suivante : (1).

« *Bourg-Achard, 5 décembre. — Général Estancelin à ministre de la guerre. — La retraite s'effectue en bon ordre. Arrière-garde canonnée par l'ennemi.* »

Je vois sur une porte : *Bureau du Journal*, j'entre, et je dis à un rédacteur qui se trouve là ce que je pense de cette étrange manière d'écrire l'histoire, et à sa demande, j'écris séance tenante une rectification (2)

______

(1) Dans sa brochure. *La Vérité sur les Evénements de Rouen*, M. Estancelin omet de la citer !

(2) *Journal du Havre*, du 8 octobre.

de cette dépêche de fantaisie. Dans cette lamentable déroute de Buchy, arrière-garde et avant-garde étaient confondues ensemble dans un effroyable pêle-mêle, que personne ne songeait à conduire ni à diriger, et, en fait de canonnade, on n'avait entendu que de rares coups de fusils tirés sur des poules par des traînards cherchant à se procurer quelques aliments. Du reste, M. Estancelin paraissait peu goûté au Havre et la population semblait décidée à lui faire prendre, dans le bassin de la Mâture, un bain qu'il évita en filant nuitamment sur Cherbourg. Sur ce point devait être dirigée une partie des troupes concentrées au Havre, mais le commandant supérieur et le sous-préfet en décidèrent autrement et firent afficher la pièce curieuse que voici :

« *Sous-préfecture du Havre.*

« Habitants du Havre,

« Le ministre de la guerre a donné aujourd'hui l'ordre *formel* d'envoyer à Cherbourg au moins quatre mille hommes de troupes actuellement au Havre. Le *Conseil municipal*, dans une délibération fortement motivée, la garde nationale, de nombreux délégués de la population, sont venus successivement apporter, au nom du salut commun, lés protestations les plus énergiques contre cet ordre du ministère, à leur avis moins bien placé qu'eux pour apprécier les nécessités locales de la défense. En présence des circonstances, dont la gravité s'accentue à chaque heure, et de l'émotion légitime de la population tout entière, le commandant supérieur et le sous-préfet viennent de répondre au gouvernement que le départ des troupes du Havre, en ce moment, était inopportun et impossible. Que toute préoccupation étrangère à la défense disparaisse. Les autorités civiles et militaires du Havre sont complètement d'accord avec les citoyens pour défendre la ville à outrance. Les forces dont nous disposons rendront le succès facile.

« *Le colonel supérieur*, Mouchez.

« *Le sous-préfet*, E. Ramel.

Triste leçon d'insubordination donnée par ceux qui auraient dû donner l'exemple de la discipline et de l'obéissance !

Qui commandait au Havre ? Quel était le supérieur de tous les commandants supérieurs qui s'y trouvaient ! Etait-ce le sous-préfet, le maire, ou tout autre ? Je n'ai jamais pu le savoir pendant que j'y étais, ni me renseigner depuis à ce sujet.

Le 11 décembre, tous les officiers du bataillon sont réveillés au milieu de la nuit; il faut prendre les armes et se former en bataillon sur la place de l'Hôtel-de-Ville. A cette époque, les Prussiens marchaient en forces sur le Havre (ils en furent détournés par les succès de Faidherbe dans le Nord). Le colonel conduit le bataillon à Sanvic, point que l'on croyait menacé. Les hommes sont placés aux remparts; les ordres les plus sévères sont donnés; on doit faire feu dès que l'ennemi sera en vue. Le mobilisé D... a parfaitement compris qu'il faut tirer sur le premier qui osera approcher. Habitués depuis longtemps à distinguer au clair de la lune lièvres et lapins, qu'il ne manque que très rarement, il pose sur le parapet le bout du canon de son fusil, et ajuste de son mieux une forme humaine qui se glisse à une soixantaine de pas. Par bonheur, je passe près de lui à temps pour relever son arme et l'empêcher de tirer *au jugé* une vieille bonne femme qui cherche à voler des choux. — Bien entendu nous étions sans vivres ; à trois heures de l'après-midi seulement arriva une voiture de pain que l'on envoya chercher au Havre. A sept heures du soir, le bataillon est dirigé vers les Acacias. Nous quittons les remparts pour les tranchées, où nous sommes dans la neige jusqu'au genoux. Après trois heures d'attente sans un ordre ni un renseignement, nous prenons sur nous d'aller occuper les tentes et les bàraquements eu planches qui nous ont été désignées. Pour la première fois, on a un peu de paille pour s'étendre, et les officiers, faute d'un autre gîte, se couchent à côté de leurs hommes.

Aux Acacias commencèrent, d'une façon à peu près régulière les distributions de vivres. Les hommes étaient à l'abri ; ils avaient chaque jour des aliments ; le progrès était sensible. Mais que de difficultés, que d'obstacles à vaincre! Il fallut pourvoir à ces mille choses indispensables au soldat en campagne, se procurer des marmites, des bidons, improviser des cuisiniers, qui, à défaut de gamelles, versaient dans des petits pots à chaufferettes les modestes aliments préparés pour les hommes. Par bonheur, on obtint, grâce aux bons soins du colonel, qui ne cessait de s'occuper avec sollicitude de l'organisation de la légion, des couvertures, des vareuses, des pantalons, des souliers, des havres-sacs, mais en petit nombre On en manquait dans les magasins, et tout le bataillon n'en fut pourvu que petit à petit.

Je n'ai rien à dire que tout le monde ne connaisse

sur la qualité de ces effets ; les souliers avaient des semelles en carton qui se décollaient au bout de quelques heures de marche ; les couvertures étaient de la bourre comprimée ; les vareuses, un grossier canevas sur lequel un apprêt maintenait un léger duvet qui s'en allait à la première averse. Il est honteux de penser qu'il se soit trouvé tant de fournisseurs spéculant avec une avidité cupide sur les malheurs de la patrie, et il est regrettable que les peines les plus sévères et les plus infamantes n'aient pas été infligées à ces commerçants déloyaux qui s'enrichissaient au détriment du bien-être, de la santé et même de la vie de ceux qui avaient pris les armes pour les défendre. Il n'était plus question de faire l'exercice ; tous les hommes restés libres étaient employés au service de grand'garde et aux travaux de terrassement. Dans Paris, vu la rigueur de la température, on suspendit, vers le 20 décembre, les corvées de tranchées ; il n'en fut pas de même au Havre, et le bataillon dut fournir quotidiennement son contingent d'hommes pour travailler à la terre. Les officiers eux-mêmes, pour n'être pas saisis par le froid, se voyaient dans la nécessité de prendre la bêche et la pioche pour ranimer leurs membres engourdis. Le froid était excessif sur cette côte des Acacias, fort élevée et exposée au vent de la mer : la petite vérole sévissait avec rigueur, et le médecin, privé de tous médicaments, ne pouvait ordonner que du repos ou l'hôpital.

Cependant, les officiers avaient pu trouver, dans une petite maison située sur la limite du camp, un abri pour prendre leurs repas ; mais, vu l'exiguité de cette modeste demeure, seuls les capitaines pouvaient y passer la nuit ; nous avions un matelas pour deux, et le commandant lui-même partageait le sien avec un de ces messieurs.

Les lieutenants et sous-lieutenants furent entassés dans un baraquement qui était la plus bizarre chose du monde. Quelques planches de sapin vert mal jointes s'élevaient en imitant la forme d'un hangar à betteraves. A travers une porte mal assujettie et toujours entrebaillée par le vent, on apercevait à l'intérieur un mauvais lit de camp en planches, incliné selon l'usage dans le sens de sa longueur ; puis, chose étrange, décrivant aussi dans le sens de sa largeur une pente très rapide suivant l'inclinaison du terrain, de sorte que les habitants de cette pittoresque demeure devaient faire des prodiges d'équilibre pour ne pas rouler les uns sur les autres et se trouver ramenés en bloc à l'extrémité de ce singulier lit de repos, où certes, en passant sur ses camarades, chacun pouvait se plaindre d'être désagréablement heurté par des sabres ou autres objets, mais où du moins personne ne songeait à se plaindre du pli de la rose, comme le sybarite de l'antiquité. Ces mésaventures excitaient plus de joyeuse humeur que de dépit, et chacun s'en prenait à une éducation vicieuse qui ne l'avait pas initié aux prodiges d'équilibre de Mme Saqui et aux fameux rétablissements du grand Léotard.

Ce fut seulement aux Acacias que les hommes touchèrent leur solde et les officiers leurs appointements ; encore nous fallut-il, pour en arriver là, adresser au colonel supérieur une demande, signée par les trente-deux officiers du bataillon.

En compagnie de deux autres capitaines, j'allai remettre cette demande à M. le capitaine de frégate Rallier. Il prit la chose fort vivement, ne pouvant croire que depuis le jour de la mobilisation on nous eût oubliés de la sorte. — Portez ce mot à l'état-major et soyez tranquilles, nous dit-il en me remettant un mot écrit à la hâte. Je ne sais ce qu'il contenait, mais il devait être clair et précis, car, à sa lecture, tout l'état-major parut fort agité, et dès le lendemain nous eûmes de l'argent. Il fut d'autant mieux reçu que ceux des officiers qui étaient partis avec des fonds n'avaient plus rien et que les autres avaient été dans l'impossibilité de s'équiper d'une manière convenable.

Dans les derniers jours de décembre, le deuxième bataillon reçut l'ordre de venir occuper les magasins généraux ; le sixième nous remplaçait aux Acacias. A ce changement de cantonnement se rattache une aventure que je ne puis passer sous silence. — Les officiers du bataillon qui occupaient l'édifice en planches dont j'ai parlé plus haut, avaient chargé M. B..., lieutenant de la deuxième compagnie d'embellir leurs nuits qu'ils trouvaient un peu fraîches. Grâce à des couvertures fournies par le colonel et à des acquisitions faites en commun de matelas, poèle, etc., le gite était devenu plus tolérable. Je copie ici la lettre que M. B... adressa à son capitaine pour le mettre au courant des faits.

« Le sous-lieutenant du sixième bataillon, chargé du casernement, me manifesta l'intention d'acheter le mobilier qui lui fut laissé. Il promit une réponse pour le lendemain, me fixa un rendez-vous où il ne se trouva pas. Je lui écrivis pour lui exprimer le regret de ne pas l'avoir rencontré, et, à mon tour, je me permis de lui fixer un nouveau rendez-vous dans l'endroit qu'il m'avait désigné. Personne au rendez-vous. Je remis alors à un sous-officier une lettre invitant ce monsieur ou à prendre livraison du mobilier ou à le remettre au porteur de la lettre qui était suivi d'une voiture réquisitionnée à cet effet. Le sous-lieutenant du sixième répondit par le billet suivant : Nous nous opposons à ce qu'on enlève quoi que ce soit de la barraque (sic), sans la présence d'un officier. — Signé B... — A cette étrange missive, je répondis à M. B..., sous-lieutenant au sixième bataillon : — Monsieur, pour déférer *à votre ordre écrit*, j'aurai l'honneur de me rendre demain aux Acacias afin d'enlever le mobilier qui m'appartient ainsi que celui de mes camarades qui m'ont chargé de représenter leurs intérêts. Vous pouvez, Monsieur, compter sur ma visite, à moins toutefois que je ne juge convenable de vous envoyer, mais alors porteur d'ordres du colonel, ce même sergent que vous avez si étrangement accueilli. Veuillez m'excuser, monsieur, mais je m'étais imaginé, peut-être un peu naïvement, avoir le droit de prendre mon bien partout où il se trouve. — J'ai l'honneur de vous saluer, B..., lieutenant, deuxième bataillon, deuxième compagnie. »

Le lendemain le sergent, qui s'était déjà présenté, remettait au commandant du sixième bataillon une lettre du colonel qui flétrissait énergiquement la conduite inqualifiable du sous-lieutenant, et lui infligeait deux jours d'arrêts. Ordre était donné, bien entendu, de remettre le mobilier si étrangement détenu.

Des incidents du même genre venaient de temps en

temps rompre la monotonie de nos soirées en donnant un aliment à la conversation et à la discussion.

Un jour c'était un jeune officier de marine **qui,** abusant de ses épaulettes et de l'inexpérience de nos hommes, s'amusait, sous le prétexte d'une ronde de nuit, a désarmer nos sentinelles. Cette mauvaise plaisanterie valu à son auteur huit jours d'arrêts ; il n'aurait pu du reste la renouveler bien des fois, car tout ce que nous avions d'hommes ayant été au service, y compris les sous-officiers, avaient demandé à aller prendre la grand'garde, et si, pendant qu'ils étaient en faction, un marin se fût approché d'eux, il aurait été reçu à coups de baïonnette.

Un autre, c'était un chef de bataillon de mobiles qui donnait à notre brave commandant un démenti. La chose avait été relevée avec une vigueur peu commune, et l'affaire n'en serait pas restée là si le général Loysel lui-même ne s'était pas interposé.

Un soir, nous voyons arriver une compagnie de mobiles dans le plus piteux état, et devant nous, sans paraître honteux de sa coupable insouciance, le capitaine donnait au sergent-major son adresse au Havre en lui disant : arrangez-vous comme vous pourrez ; si l'on me demande, vous m'enverrez chercher !

Un matin, le célèbre général Peltingeas annonçait qu'il irait le dimanche suivant prendre son café au lait à Rouen. Du moment de l'arrivée de cet ex-gendarme, sacré par Gambetta général de division, le prix de l'absinthe avait augmenté considérablement dans la ville. Il est probable que c'est sous l'influence de cette liqueur, dont il abusait, qu'il avait projeté cette sortie victorieuse à laquelle il préférait, dans ces moments

lucides, une petite chasse au lapin dans les bois de
M. M....

Je pourrais citer un grand nombre de faits analogues
qui pouvaient nous divertir un moment, mais dont le
triste effet était de nous enlever ce qui pouvait nous
rester d'illusions. L'armée du Havre n'était ni meil-
leure ni pire que les autres armées de province, et cependant quelques Prussiens approchaient impunément
à petite distance de la ville ; on n'agissait pas, et au
milieu de tous ces commandants supérieurs, on sentait
qu'il n'y avait pas un chef. Les nouvelles particulières
que l'on recevait, les articles des journaux anglais, ne
permettaient pas d'ajouter la moindre foi aux men-
songes gambettistes que le *Havre* et le *Journal du
Havre* publiaient de temps en temps.

Aux Magasins généraux, le bataillon trouva, grâce
au zèle et à l'obligeance du directeur, M. Dupont, un
asile moins affreux. Débarrassés pour le moment du
travail des tranchées, nous reprîmes les exercices,
abandonnés depuis Dieppe.

On se remit à l'œuvre avec ardeur, chacun faisait de
son mieux, aussi M. de Folleville eut-il la satisfaction
de s'entendre dire publiquement par M. Dupont : « J'ai
logé bien des troupes depuis le commencement de la
guerre, voilà la première fois que je vois des officiers
sinon expérimentés, du moins parfaitement zélés, être
constamment avec leurs hommes. »

Nous avions commencé depuis quelques jours les
exercices de tir, il était fort utile d'apprendre aux
hommes à se servir de leurs armes ; quelques-uns n'a-
vaient jamais chargé un fusil, et j'en ai vu qui, dans
les feux de deux rangs ou de peloton, s'obstinaient à

3

introduire la cartouche la balle la première, et ne s'arrêtaient que lorsque le canon de leur fusil se trouvait parfaitement rempli. Un jour je vois venir un commandant supérieur quelconque qui veut se rendre compte de nos progrès. Il est suivi d'un officier qui a tout récemment quitté les occupations de courtier de commerce pour devenir capitaine d'état-major: son sabre et surtout son cheval semblent le gêner fort. Les genoux remontés, les talons crispés, les mains attachées l'une au pommeau de la selle, l'autre aux crins, le front courbé sur l'encolure, tout me fait présager peu de confiance et d'union entre l'homme et la bête. A la guerre, il faut s'habituer à tout, même au bruit du fusil: je fais arrêter le tir à la cible et j'ordonne un feu de peloton. Au commandement de *feu*, donné au moment où le capitaine arrive près de nous, la séparation fut complète et instantanée. Je venais de faire une bonne action sans le savoir, car ce brave commerçant, s'étant fait dans sa chute une petite blessure au front, fut décoré pour ce fait de guerre. Dans quelques années, il dira sans doute qu'il a été décoré pour blessures devant l'ennemi, et si l'histoire de ses campagnes lui procure quelques succès en société, j'espère qu'il voudra bien m'envoyer une pensée de reconnaissance.

Cependant M. de Folleville tombait malade, au grand chagrin de tout le bataillon, dont il était si profondément respecté et si sincèrement aimé. Bien que n'étant pas le plus âgé des capitaines, le colonel m'ayant désigné pour remplir les fonctions de commandant, je dus accepter cette charge, malgré mon désir de rester tout entier à la direction de ma compagnie et la crainte que m'inspirait une telle responsabilité.

Notre séjour aux Magasins généraux ne devait pas être de longue durée et bientôt arrivait l'ordre d'envoyer quatre compagnies aux Accacias : le sort désigna la première, deuxième, cinquième et septième.

Pour donner une idée de ce qui était exigé des hommes, je relève l'ordre de service de trois jours :

Janvier. 27. 5e Comp. tranchées toute la journée.
2e — — matin.
7e — — après-midi.
1re — grand'garde.
28. 7e — tranchées journée.
5e — — matin.
1re — — après-midi.
2e — grand'garde.
29. 1re — tranchées journée.
7e — — matin.
2e — — après-midi.
5e — grand'garde.

Et ainsi de suite.

Un tel service n'était-il pas écrasant?

Reproches, menaces, rien ne nous était épargné quand les compagnies n'étaient pas au complet au service des tranchées, et cependant il fallait pourvoir quotidiennement aux services suivants : ordonnances, garde de police, corvées non armées au dedans et au dehors du camp, corvées de bois, de vivres, détachements en armes pour escorter les différentes corvées, etc. N'était-il pas bien dur d'exiger d'une compagnie relevant le matin de grand'garde, d'aller l'après midi travailler aux tranchées ?

Accablés de travail et d'ennui, souffrant du froid et de la faim, les hommes étaient complètement démo-

ralisés. Beaucoup parmi eux n'avaient jamais manié ni
bêche ni pioche et ils se demandaient si on ne les avait
réunis au Havre que pour leur enseigner le métier de
terrassier. En outre, il est facile de voir que les prescrip-
tions du *service en campagne* n'étaient nullement suivies :

« — 24 heures ou 12 au moins avant de monter la
« garde de tranchée, les bataillons commandés ne four-
« nissent pas de travailleurs, et les compagnies de ces
« bataillons que leur tour aurait appelés aux travaux
« de tranchée, n'y vont qu'après un repos de vingt-
« quatre heures s'il est possible, ou de douze au
« moins (1). » Or, nous venons de voir qu'à peine
relevés de grand'garde, les hommes étaient conduits à
la tranchée.

« Lorsque les travailleurs peuvent être payés, ils le
« sont par tranchée, d'après les prix réglés, sur la pro-
« position du commandant du génie et du commandant
« de l'artillerie, par le général commandant le siége...
« — Lorsque l'artillerie et le génie ont besoin d'auxi-
« liaires pour les travaux de mine, de sape ou de cons-
« truction, ils les reçoivent de l'infanterie et les payent
« sur le même pied que leurs propres travailleurs (2).
Jamais les hommes employés à faire des travaux de
défense autour du Havre ne reçurent un centime. C'est
ce qui explique l'opposition des autorités locales au
départ pour Cherbourg *de travailleurs* à si bon compte.

— « Les travailleurs portent à la tranchée leurs
« capotes pour s'en couvrir dans les instants de repos
ou en cas de blessure » (3).

(1) Service en campagne, art. 202.
(2) Idem.
(3) Idem.

Des capotes ! on en reçut le 1ᵉʳ mars, cinq jours avant le départ.

— « Le général commandant un siége prescrit à l'in-
« tendant militaire toutes les dispositions pour assurer
« aux troupes de tranchée des distributions extraordi-
« naires de vivres et de liquide ; il a toute latitude à
« cet égard » (1). — Jamais on n'eut part à de sem-
blables largesses.

Le service en campagne, qui n'a jamais cessé d'être en vigueur dans l'armée, se termine comme il suit :

— « Art 223.— On ne pourra, dans aucune des dispo-
« sitions d'exécution et de détail à intervenir, s'écarter
« des bases qui se trouvent établies dans ce règlement
« ni du principe qu'il consacre. Toutes dispositions
« contraires sont abrogées. » — Voilà qui est clair et précis et l'on voit que c'est au mépris des ordonnances les plus formelles qu'on surchargeait les hommes sans tenir compte des dispositions réglementaires qui pouvaient être en leur faveur.

Nous voici arrivés au moment des élections générales. Tout le monde sait comment le citoyen Gambetta supprima les conseils généraux au nom de la liberté, et ajourna autant qu'il le put la nomination d'une Assemblée, au nom de la République. MM. les radicaux sont ainsi faits, ils veulent bien faire appel à la partie véreuse de la nation, dont ils flattent les vices et excitent les cupidités s'ils doivent en tirer quelque parti, et si, grâce à l'indifférence et à l'abstention des honnêtes gens, ils espèrent devenir les élus du suffrage universel; mais lorsque le pays éclairé par l'adversité

(1) Service en campagne, art. 208.

manifeste l'intention de prendre pour mandataires des hommes sages et intègres, ils ne reconnaissent plus au suffrage universel l'autorité dont ils voulaient bénéficier pour eux.

Dès que l'on nous eût fait savoir la date du vote, les sous-officiers me demandèrent l'autorisation d'organiser entre eux une réunion électorale. Ils composèrent un bureau dont ils me nommèrent président; je refusai cet honneur, voulant éviter de donner à la réunion un caractère autoritaire et je leur demandai de venir assister comme simple électeur, leur promettant de les tenir au courant des renseignements que je pourrais obtenir. Le comité de l'ordre était présidé par l'honorable M. Ancel que j'avais l'honneur de connaître; je m'empressai d'aller le trouver. Son fils était parti pour Rouen afin de savoir la liste qui avait été arrêtée ; il était important, puisque l'on votait pour tout le département, que tous les conservateurs pussent s'entendre et porter leurs suffrages sur les mêmes candidats. Entre une liste composée d'hommes honnêtes, occupant presque tous d'importantes fonctions, désirant épargner au pays de nouveaux malheurs, et un groupe de radicaux partisans de la guerre à outrance, le choix était facile, pour tout électeur doué de sens commun. Mais voilà que le citoyen dictateur, sollicité par ses amis du Havre, autorise cette ville à nommer trois députés spéciaux. Ce décret, contraire à toute justice, puisqu'une même mesure devait être prise pour toute la France, fut déclaré comme non avenu. Sur ces entrefaites, je reçus l'ordre de conduire le deuxième bataillon *dans les environs de Gainneville (sic)*. Etonné de ce peu de précision, je cours chez M. le commandant supérieur Rallier. — « Vous trouvez l'ordre étrange, me dit-il, moi aussi, je vous le donne comme on me l'a donné. Emmenez votre bataillon. » — J'envoie tout de suite un officier pour nous trouver un abri, je réunis les compagnies casernées tant aux Accacias qu'aux Magasins généraux et j'arrive à Guenneville, à cinq heures du soir.

Je trouve sur la route l'officier de casernement qui me déclare n'avoir trouvé aucun logement et aucun renseignement ; l'heure étant trop avancée pour continuer les recherches, je charge les capitaines de faire passer la nuit à leurs hommes où et comme ils le pourront et je donne l'ordre de réunir le lendemain matin le bataillon sur la grande route. Aidé du capitaine Julien, qui montra dans cette circonstance un zèle et une activité dont je lui saurai toujours gré, je trouve dans la propriété de Madame H... et dans quelques maisons voisines, des pièces inoccupées, des greniers vides et je parviens à caser tout mon monde. Ces hommes n'ont pas eu de distribution de vivres, ils n'ont pas une botte de paille pour s'étendre, mais ils sont à l'abri, ils savent que je ferai tout ce qui sera en mon pouvoir pour améliorer leur sort; ils se résignent et se mettent à remplir leurs devoirs d'électeurs. — La liste du comité Taillet passe à l'unanimité, sauf 9 voix données à la liste Gambettiste.

J'avais eu recours au tirage au sort pour désigner à chaque compagnie la maison où elle devait être casée. La neuvième se trouvait la plus éloignée et, par conséquent, devait être la dernière installée. Pendant que je m'occupais des autres, deux officiers du premier bataillon viennent prendre possession de la maison que j'avais occupée le premier et où j'avais, avec le capitaine Julien, inscrit sur les portes le nombre d'hommes à loger dans chaque pièce. Ces Messieurs prennent les clefs et disparaissent ; lorsque j'arrive avec la neuvième, le gardien de la maison me dit ce qui s'est passé, je l'envoie chercher un serrurier pour ouvrir des portes que j'étais fort tenté de faire enfoncer et je fais poser à la porte d'entrée un poste qui charge ses armes et reçoit l'ordre de ne laisser pénétrer qui que ce soit. Le lendemain, deux officiers du premier bataillon ont l'aplomb de venir me trouver pour se plaindre d'une violation de domicile ; je reçois leur plainte avec étonnement, je leur fais remarquer que j'aurais précisément la même plainte à formuler, que je trouve fort inconvenant qu'on se soit permis de venir enlever les clefs d'une maison que j'ai destinée au logement d'une compagnie et où le premier j'ai fait acte de présence et d'occupation ; je demande le nom du coupable et j'envoie deux témoins, le capitaine Julien et le lieutenant de la deuxième, avec mission d'obtenir satisfaction sur l'heure; ils reviennent avec une lettre d'excuses et je croyais l'affaire terminée, car je n'aurais jamais pensé à la dénonciation entre camarades.

Mécontents d'avoir été dérangés dans leurs petits projets d'installation, ces messieurs du premier avaient été trouver le général de division pour lui dire que j'occupais des maisons situées au-delà de la zone neutre établie entre les avant-postes prussiens et nous. La ligne de démarcation passait effectivement à Guenneville même et une partie des bâtiments que j'avais fait occuper se trouvaient de l'autre côté de cette ligne. Le général me donne l'ordre de faire replier mon monde et me dit que le premier bataillon doit occuper la ferme *Bainvilliers*, et le deuxième la ferme *Farcy*. Je me remets en route et je finis par découvrir que Bainvilliers est le nom d'une ferme, et Farcy le nom du fermier; les deux fermes n'en faisaient qu'une. Je retourne à la brigade, à la division, pour expliquer que Farcy a été pris pour le nom d'une ferme comme le Pirée le fut pour un nom d'homme; on n'admet pas mes observations et je reçois l'ordre de faire camper le bataillon si je ne trouve pas à le loger. Pour camper, il faut des effets de campement; nous en étions presque complètement dépourvus. Je vois que les hommes sont peu disposés à passer une nouvelle nuit à la belle étoile, ce qui me surprend d'autant moins que la pluie tombait à torrents. Je retourne à la brigade pour demander à un certain M. de Livois, officier de mobiles, faisant fonction de général de brigade, l'autorisation de ne partir que le lendemain, il me la refuse et m'ordonne de partir avec mes officiers et les hommes que l'on pourra faire suivre.

La ferme Farcy ou Bainvilliers avait été précédemment occupée par des mobiles et des francs-tireurs; la maison d'habitation, un vieux château renaissance du plus beau style, les écuries, les étables avaient été mis dans un état dont peuvent seuls se faire idée ceux qui ont logé mobiles et francs-tireurs. Portes, fenêtres, échelles, tout jusqu'à un bâtiment en entier, avait été brûlé (1). Le premier bataillon avait refusé de s'y ins-

(1) De tout temps les habitants des campagnes eurent à souffrir de la présence des troupes. Jamais autant qu'en 1870, car jamais l'indiscipline ne fut plus grande. « On ne pourrait réciter les extorsions, travaux et molestes que les compagnies de

taller ; c'est vers ce triste casernement que je me dirige à la tête des officiers, sous-officiers et d'une partie des hommes ; un grand nombre rejoint pendant la nuit, mais le lendemain, à l'appel du matin, 150 étaient portés absents.

Je ne veux certes pas donner raison aux déserteurs, la faute qu'ils commirent était d'une incontestable gravité, mais ils n'étaient pas sans excuses Les mobilisés avaient tous satisfait à la loi de la conscription ; ils partent, comme autrefois l'arrière-ban, dans un moment de détresse générale, sur un simple avis d'un chef nommé par eux, et d'après un décret dont la valeur est au moins fort discutable. Ce ne sont pas de véritables soldats, ils n'en possèdent ni l'instruction militaire, ni l'armement, ni l'équipement ; ils ne sont ni payés, ni vêtus, ni nourris, mais le patriotisme leur donne courage et patience ; au lieu de les mettre en face de l'ennemi qu'ils voudraient chasser de leurs foyers envahis, on les fait travailler sans relâche à l'illusoire défense d'une ville qu'on n'attaque pas ; dès leur arrivée, l'autorité supérieure leur donne le plus déplorable exemple de désobéissance et de mépris aux ordres donnés. Nous

gens de guerre, tant de pied que de cheval, mandés pour le service du roi, et pour faire leurs montres (revues), font au pauvre laboureur et habitants des lieux par où ils passent ; ne se contentant pas des vivres qu'ils trouvent entre les mains de leur hôte, mais le contraignent et le mettent en peine et frais d'en aller chercher ailleurs ; et puis se départent sans rien payer, emmenant le plus souvent les chevaux et harnois jusqu'à leur prochain séjour, et quelquefois dérobent et emportent avec eux les hardes de leur hôte, et, pour tout paiement, le battent et outragent. »

(Collection des États généraux, États d'Orléans, 1560.)

avons vu comment le commandant supérieur refusa d'obéir au Ministre de la guerre, en gardant au Havre les 4,000 hommes que l'on devait envoyer à Cherbourg. Partis sur un ordre de Gambetta, ils voient, au moment des élections, un autre décret du même Gambetta, déclaré nul et non avenu ; l'armistice est signé, ils votent pour la liste *de la paix* et, à partir de ce moment, quand ils savent que tout est fini, la sévérité redouble, les exigences augmentent : des hommes qui ont laissé derrière eux un commerce important, un établissement agricole considérable, ne peuvent même obtenir vingt-quatre heures de permission, les vivres ne sont plus distribués ; quant à un abri on ne s'occupe même pas de leur en procurer et si on en réclame, un officier d'état-major qui fume son cigare au coin d'un bon feu vous répond : *trouvez-en vous-mêmes, ou bien faites camper* ! ! et alors la désertion se produit ; mais à côté de ces coupables, je me demande si bien plus coupables encore ne sont pas ceux qui les ont poussés à bout.

Nous étions dans les premiers jours de février et heureusement le froid n'était plus rigoureux comme au commencement de l'hiver, autrement je ne sais ce qu'auraient pu faire pour ne pas mourir de froid les officiers du deuxième bataillon, pendant les trois nuits que nous passâmes dans cette grande cuisine pavée en grès de la ferme Farcy, n'ayant que trois bottes de paille pour nous tous. Désespérant d'en obtenir des maires qui déclaraient ne plus en avoir, et de l'intendance qui aurait cependant dû nous en fournir, je me décidai à établir sur la grande route, un poste chargé d'arrêter et d'amener de vive force les voitures chargées de paille qui viendraient à passer. Je me procurai

de cette manière 150 bottes de paille qui étaient desti-
nées aux chevaux d'un commandant supérieur. J'orga-
nisai de mon mieux les services, le lieutenant de la deuxième voulut bien continuer ses démarches près du
colonel pour avoir des habillements, le capitaine de la
deuxième se chargea de nous procurer des aliments.
Parfaitement expert dans la matière, il parvenait, non
sans peine, à satisfaire les goûts et à rassasier l'appetit
de trente-deux officiers. Emporté par son zèle, on le
voyait parfois s'élancer un vaste panier au bras; nous
savions alors qu'il devait y avoir un marché dans les
environs, et nous étions sûrs de voir le soir notre ordi-
naire embelli d'une *poule en fricassée* ou d'un *lapin aux
certifts*

Nos prédécesseurs avaient abattu des arbres à tort et
à travers dans le but évident de gaspiller et de détruire.
Voulant que personne ne pût reprocher au deuxième
bataillon d'avoir fait tort à qui que ce soit, le lieutenant de la neuvième avait été chargé de nous pourvoir
du bois nécessaire, et le propriétaire de la ferme dont
j'avais l'honneur d'être le parent dut s'estimer heureux
que le séjour des mobiles et francs-tireurs ne se soit pas
prolongé ; il ne serait certainement rien resté pas plus
en arbres qu'en bâtiments. Son régisseur et son fermier
M. Farcy ont, du reste, conservé le meilleur souvenir
de l'occupation du deuxième bataillon des mobilisés,
cas peut-être unique dans toute l'histoire de cette déplorable campagne.

Plus la conclusion définitive de la paix était évidente,
plus on semblait prendre plaisir à tourmenter les
hommes ; plus on était certain que les tranchées ne seraient jamais utilisées, plus on en faisait creuser à tra-

vers la plaine, et pour nous faire probablement croire que nous étions vraiment entour⁪s et assiégés, au lieu de viande et de pain, on ne distribuait plus que du lard pourri et du biscuit avarié ; cette nourriture était complètement insuffisante et ceux qui n'avaient pas d'argent, ne pouvant s'en procurer, ou n'osant nous en demander, souffraient véritablement de la faim.

Quant aux procédés de l'autorité supérieure, je citerai comme exemple la conduite inqualifiable de cet officier de mobiles installé au château d'Orcher, faisant fonction de général de brigade. Le 13 février (j'aurais dû me méfier de cette date de mauvaise augure), le capitaine de la deuxième compagnie signe pour son sous-lieutenant une demande de permission de douze heures pour aller au Havre. Après l'avoir signée moi-même, j'envoie par la voie du rapport la permission à la brigade ; le 14, M. de Livois me répond : « Comment se « fait-il que le capitaine C. signe une demande de per- « mission puisqu'il a été vu à Bolbec, désertant à la « tête de sa compagnie ? Ordonnez une enquête à ce « sujet...!! »

Stupéfait de la légèreté impardonnable avec laquelle il porte une aussi grave accusation, j'écris à M. le général de brigade, que le capitaine n'a jamais quitté la ferme, qu'il est prêt à faire acte de présence, que je dois prendre ma part de cette accusation puisque, lui envoyant chaque matin la feuille de situation journalière, j'aurais caché un fait aussi grave, et qu'en fait d'enquête, je le prie de bien vouloir en ordonner une afin d'arriver à savoir si l'auteur de cette calomnie a été guidé par la bêtise ou par la méchanceté. Pas de réponse ; le 16, je le rencontre à la division (1), il me fait remarquer que mon rapport n'était pas spécial pour la question. Aussitôt rentré, je lui envoie le suivant : « Bainvilliers, 16 février. Mon Colonel, dans un ordre du 14 février, vous me faites savoir que le capitaine C. est signalé comme ayant été vu à Bolbec à la tête d'une troupe de mobilisés rentrant chez eux. Le capitaine C. n'a jamais quitté la ferme Farcy, il ne peut accepter, pas plus que moi qui dois en prendre ma part, une pareille accusation et je vous prie de bien vouloir nous mettre à même, mon colonel, de connaître l'auteur d'une injure qui ne peut être tolérée de personne. Veuillez recevoir, mon colonel, l'assurance de mes respectueux sentiments. Bon de B. »

M. de Livois me retourna ma lettre après y avoir inscrit tout au travers, les observations suivantes. « L'auteur de la prétendue injure est le général en chef qui ne peut s'en rapporter qu'aux renseignements qu'il reçoit par le télégraphe, rapport mal fait et peu respectueux ; vous devez dans une enquête citer les faits et ne pas vous livrer à des appréciations tout au moins déplacées ; il y a des formules consacrées en style militaire (2) pour terminer les lettres, la voici : j'ai l'honneur d'être, mon..... avec le plus profond respect, votre très humble et très obéissant subordonné. Le lieutenant-colonel, commandant par intérim la première brigade, Bon de Livois. »

Je devais me taire en présence d'un supérieur, mais

(1) Le colonel de ligne Rousset faisait fonction de général de division, brave, franc et loyal celui-là, comme un militaire pour de bon.

(2) En tous cas, pas celle-là.

le jour du licenciement, je fis remettre à **M.** de L. la lettre suivante dont j'avais donné lecture à tous les officiers du bataillon réunis.

« Monsieur, commandant par intérim le deuxième bataillon, je vous avais écrit le 16 février pour protester contre une accusation de désertion portée injustement par vous contre un capitaine de mon bataillon. L'auteur de la prétendue injure est le général en chef, me dites-vous ; en l'admettant, au lieu de m'écrire, comment se fait-il que le capitaine C. qui a déserté, ait signé une permission? Il eut été plus convenable de dire : Comment se fait-il que l'on puisse accuser le capitaine de désertion puisqu'il signe une permission ? Vous trouvez mon rapport peu respectueux et mes appréciations tout au moins déplacées, c'est absolument ce que je pense de la légèreté étrange avec laquelle vous avez lancé une si grave accusation, et de la manière dont vous répondez à mes réclamations. Quant à la leçon de politesse que vous trouvez bon de me donner, tout en ne pouvant l'accepter, je dois tenir compte d'un avancement si rapide qu'il vous a fait oublier, que les formules employées par les gens comme il faut valent bien celles que consacre l'étiquette militaire. B. de B. (Je serai dans quelques jours à Paris, 16, rue M.). » J'en suis encore à avoir de ses nouvelles, je dois donc croire que ma lettre a été de son goût ; ce dont je suis sûr, c'est que tout homme ayant servi appréciera comme moi celui qui se permit de lancer le *cœur léger* une aussi grave accusation contre un officier qui portait ses galons avec tout autant de droit que lui.

Le 17, le général Peltingeas, *lui-même*, vint visiter les tranchées. Les distractions de la chasse et de la bouteille ne lui en avaient pas encore donné le temps. Informé des désertions qui se sont produites, mais en ignorant les causes véritables, il fait écrire par son chef d'état-major à M. de Folleville, toujours malade au Havre, qu'un *état de choses aussi regrettable provient de son absence d'abord, et ensuite du peu d'aptitude au commandement du capitaine qui le remplace.*

M. de Folleville lui répond le 19 par le rapport suivant, que je cite en entier, parce qu'il est le compte-rendu exact de ce qui s'était passé:

Le Havre, 19 février 1871.

« Mon général,

« Quoique retenu au Havre par ma santé, soyez bien convaincu que je me suis vivement préoccupé des désertions survenues dans mon bataillon, et aujourd'hui tous les maires ont reçu des lettres que je leur ai adressées et qui, je n'en doute pas, vont faire rentrer les déserteurs, menacés qu'ils sont de passer à la cour martiale pour les meneurs, et pour les autres, d'être incorporés dans des régiments de ligne. Malgré la défense du chirurgien major, je serais retourné aujourd'hui à mon bataillon si l'armistice n'avait pas été prolongé, et suivant votre désir j'y retournerai demain pour ne plus le quitter, espérant bien que dans peu de jours le mal sera en grande partie réparé. Mais, mon général, permettez-moi de vous dire que la désertion n'est en aucune façon due à l'incapacité de l'officier auquel était confié le soin de me remplacer.

« Le capitaine de B..., ancien officier, est extrêmement ferme et capable ; il est, sans contredit, de tous mes officiers, celui qui, par sa position sociale et sa qualité de volontaire, a la plus grande autorité sur les mobilisés et mérite le plus d'égards de la part des chefs supérieurs. La cause de la désertion générale qui est survenue, et que j'aurais peut-être moi-même été impuissant à conjurer, est tout entière dans les circonstances fâcheuses qui ont accompagné l'envoi du deuxième bataillon de Dieppe dans son cantonnement actuel. Voici les faits :

« Le capitaine de B..., en recevant du commandant Rallier l'ordre de conduire le deuxième bataillon dans les *environs de Gainneville* (textuel), est allé demander à ce commandant des ordres plus précis, qui n'ont pu lui être donnés. Le bataillon est donc parti pour Gainneville, sous une pluie battante : en arrivant à Harfleur, et de Harfleur à Gainneville, impossible de savoir a quel point devait aller le bataillon, personne ne le savait, et pas un officier d'ordonnance n'était là pour l'indiquer.

« Arrivé à Gainneville et après bien des recherches, toujours sous une pluie battante, le capitaine de B... réussit à placer ses hommes tant bien que mal dans des bâtiments laissés dans un état de saleté dégoûtant par les Mocquard, les francs-tireurs et les mobiles. — La nuit passée on s'occupe à nettoyer les logements, lorsqu'arrive un officier d'état-major prescrivant au deuxième bataillon d'aller occuper la ferme Farcy, sur Gonfreville-l'Orcher. La pluie tombait toujours à torrents : un certain nombre d'officiers partirent avec une forte corvée pour préparer les logements ; mais arrivés à la ferme Farcy ils trouvent des bâtiments sans portes ni fenêtres ; tout avait été brûlé et mis au pillage par les soi-disant bataillons français qui y avaient campé. Les appartements étaient encombrés de fumier

4

résultant des lits de paille que les occupants précédents avaient superposés les uns sur les autres, et où grouillaient la vermine au milieu des détritus de toute sorte, viande pourrie, bâtons et toiles de campement, etc... La corvée, ne pouvant entreprendre un tel nettoyage, retourne à Gainneville, et là, les hommes réunis par les officiers pour partir, refusent, par un tel temps et pour aller dans de tels logements, de quitter leurs campements.

« Tous les capitaines, sous la conduite du capitaine de B..., vont trouver le colonel Rousset, lui exposent ce qui se passe et reçoivent l'ordre de partir quand même pour la ferme Farcy, et si on ne peut se mettre dans les bâtiments de faire camper dans la cour ! La pluie tombait toujours, les terres étaient un véritable mortier, les maires déclaraient n'avoir plus une seule botte de paille à réquisitionner. Les capitaines et tous les officiers donnent l'ordre du départ, les hommes disséminés dans les campements ne se réunissent pas, les officiers, suivis des sous-officiers et de quelques mobilisés partent et vont coucher, roulés dans leurs couvertures et sans paille, sur le pavé des salles sans portes ni fenêtres de la ferme Farcy, et le lendemain matin ils apprennent que près de deux cents hommes ont déserté de Gainneville.

« Voilà, mon général, la vérité tout entière, et peut-on dire qu'il y ait eu incapacité de la part du capitaine de B... et des autres offficiers.

« Je suis bien loin, mon général, de vouloir excuser les hommes de mon bataillon ; plus que qui que ce soit, j'ai le droit de m'offenser de leur conduite ; mais, lorsque depuis leur arrivée au Havre (6 décembre 1870), ces malheureux ont été abreuvés de toutes les misères possibles (ce que pourront vous affirmer les colonels Hocquart et Cornebize), lorsqu'ils ont montré un rare esprit de bonne volonté et la majeure partie des officiers un zèle éprouvé de tous les jours (ce que pourra vous affirmer M. Dubois, le directeur des Magasins généraux, qui les a vus longtemps), est-il étonnant que tous ces hommes qui ont été appelés sous les drapeaux pour le temps de la guerre seulement, qui sentent que cette guerre est finie, et qui presque tous cultivateurs et campagnards savent l'ennemi occupé à les piller, est-il étonnant, dis-je, qu'en présence d'une nouvelle misère, ils aient été frappés de vertige ?... .

« Signé : L. DE F... »

Le retour de notre cher commandant fut une fête pour tout le bataillon, sa présence nous faisait prendre gaîment notre parti des exigences toujours croissantes du service. Presque tous les soirs arrivait un gendarme de taille gigantesque qui apportait l'ordre, soit d'augmenter le nombre des travailleurs envoyés aux tranchées, soit d'aller prendre nos places de bataille ! Bien que l'armistice ait été non-seulement conclu mais encore prolongé, les deux premières fois que cet ordre fut donné, nous le prîmes au sérieux, et j'avoue que pour mon compte je fis donner un coup de pierre à mon sabre et que je chargeai mon revolver. Nous ne tardames pas à voir que l'on voulait seulement nous faire faire une petite promenade de santé dans le parc du château d'Orcher. Notre infatigable officier d'habillement continuait ses démarches près du colonel, qui mettait tout son zèle à obtenir les effets manquant encore (1).

Enfin, le 1er mars, on reçut des capotes, alors que le temps n'était plus froid et que le départ était imminent. Mais les fournisseurs tenaient à livrer leurs marchandises. C'est ainsi que le 3, le bataillon fut conduit au Havre pour recevoir des fusils à tabatière. A Paris, la célèbre Blanche Costard n'avait pas même livré les pommes de terre dont elle avait pris l'entreprise, M. Lecesne ne voulait pas agir de même pour ses fusils, il tenait et pour cause à faire acte de livraison. Nous les eûmes deux jours entre les mains, et l'on ne peut se faire idée de ce qu'étaient ces armes. J'affirme qu'il ne s'en trouvait pas un sur cinquante dont il eût été prudent de se servir.

Enfin le jour du départ est fixé ; mais on nous fait savoir de la brigade que le bataillon ne pourra partir qu'après avoir comblé une certaine longueur de tranchées. Afin d'éviter le retard qu'aurait pu causer à notre départ le refus d'obéir à un ordre donné, contrairement au droit et à la justice, il est décidé, après avoir consulté les hommes, que de suite on va se mettre à l'œuvre. Le bataillon se trouvait de nouveau au complet, les déserteurs étant revenus, aussi le travail, commencé à huit heures du soir était-il terminé à quatre heures du matin. Nous descendons au Havre ; mais impossible de partir, la gare est encombrée et le maté-

(1) Voici la liste des effets qui ne furent livrés que peu de jours avant le départ, du 26 février au 1er mars : les capotes, 60 ; képis, 192 ; ceinturons complets, 465 ; tricots, 557 ; caleçons, les bretelles à fusils.

riel manque, et les hommes, qui ont rendu capotes et couvertures, passent la nuit dans les greniers de la manufacture de tabac. Le lendemain, on se réunit autour de la gare, un train est tout prêt à nous enmener, mais il faut la signature de M Peltinguas, et bien que notre commandant aille quatre fois chez lui on ne peut rien en obtenir. Il a l'habitude de dormir après son déjeuner, disent les uns, il a bu un peu plus d'absinthe que d'habitude et on l'a couché, disent les autres, bref, à la nuit tombante seulement on put avoir l'indispensable signature. Comme si tous ces retards n'auraient pas suffi à troubler la mansuétude du plus pacifique des caractères, voilà qu'un franc-tireur qui attend le train qui va lui permettre d'aller se mettre à la disposition de Flourens ou du père Gaillard, m'entendant demander *Où est le commandant?* s'avise de répondre *le commandant et les capitaines sont tous des voleurs.*

Nous étions l'un et l'autre redevenus de simples bourgeois, une canne avait remplacé dans ma main le sabre de l'ex-capitaine, j'en profite pour administrer au camarade une volée sérieuse au nom de la liberté, qui dans ce temps de république permet à la pensée de se traduire comme il lui plaît, de l'égalité qui faisant de ce bandit mon semblable l'autorise (s'il l'ose) à me traiter comme je le traite, et de la fraternité qui me défend de laisser insulter mes frères.

A la joie éprouvée en montant dans le train qui nous emmène du Havre vient se mêler bientôt un vague sentiment d'inquiétude : dans quel état allons-nous retrouver les personnes aimées, les lieux chers, que s'est-il passé pendant notre absence ? Cette inquiétude se change en mortelle tristesse lorsqu'en descendant à

Motteville, nous tombons sur un poste prussien. Notre pauvre France est donc bien véritablement vaincue et conquise ! Les soldats étrangers montent la garde dans nos maisons et sur nos routes ! Qu'ils se gardent bien d'oublier, tous ceux qui dans ce moment ont senti leurs yeux mouillés de larmes amères, leurs cœurs déchirés par le cruel chagrin et l'angoisse profonde et qu'ils pensent à ces paroles d'Armand Carrel :

« Un peuple peut rester grand et fort quoique la fortune l'ait trahi ou que le nombre l'ait écrasé, pourvu qu'il conserve le sentiment de sa grandeur et le souvenir de *sa défaite, mais s'il l'oublie, tout est perdu.* »

Si dans cette lutte terrible où nous avons succombé, on cherche les causes générales du succès et de la défaite, on voit d'un côté la Prusse avec un gouvernement régulier et se succédant régulièrement, poursuivre avec suite et persistance ses réformes intérieures, l'organisation de nos armées ; l'œuvre du grand électeur de Brandebourg est continuée par le prince Léopold Anhalt-Dessau, par le grand Frédéric, par Scharnherst, et l'armée prussienne devient ce que nous l'avons vue. De l'autre, la France atteinte du mal révolutionnaire, change sans cesse de gouvernement, tombe fatalement du despotisme dans l'anarchie, et en subit les conséquences fatales. On déclare la guerre sans alliés, sans armée, et tout le monde applaudit et crie *à Berlin !* nos adversaires ont depuis de longues années fait de formidables préparatifs mais on appelle *traîtres* ceux qui disent *prenez garde.* Le baron Stoffel, dans ses remarquables rapports, fait connaître les forces énormes dont dispose la Prusse, mais on ne tient nul compte de ces avertissements. Bien avant lui, du resté, Mirabeau nous avait signalé le danger :— « S'il est un pays, disait-il dès 1788 (1), objet de la jalousie, de l'envie de toute l'Europe, qui ait de grandes conquêtes à conserver, de grandes victoires à expier, de grandes défaites à effacer, de grands intérêts à défendre en Europe sous peine de voir retomber sur lui tôt ou tard le poids des phalanges du Nord ; où l'on prit l'habitude de fronder, pour la liberté ; l'opinion de la capitale et ses explosions verbeuses pour un gage de la restauration de l'Etat ; le faste sans exemple, le luxe effréné, les déprédations incalculables, le désordre et tous ses délires pour la puissance; où toute espèce de système militaire fut sacrifié aux intérêts de la cour ; où les grandes places militaires et les doubles, les triples et les quadruples emplois seraient accumulés sur les mêmes têtes et devenues par succession de temps héréditaires ; où l'on gaspillât à l'envie la monnaie morale et l'argent ; où, le prix du sang versé pour la patrie, les décorations militaires, fussent quelquefois prostituées aux plus vils des êtres, aux vétérans de la servitude ennoblis par la corruption, aux gitans, aux proxénètes, aux inspecteurs de police ; où tout observateur et véritable officier vit avec autant de dégoût que d'indignation; des gouverneurs de provinces et des gouverneurs de places qui n'y sont jamais conserver les mêmes droits aux grades, aux dignités, aux grâces que ceux qui servent et presque toujours les usurper de préférence à ceux qui vont les chercher dans les hasards de la guerre; s'il était un tel pays, nous lui conseillerions de réfléchir sur la constitution de l'armée

---

(I) De la monarchie prussienne sous Frédéric-le-Grand.

prussienne et sur les maux que doit entraîner tôt ou tard le régime précisément contraire »

Depuis que les Prussiens eurent vu leur armée détruite à Iéna, la pensée de la revanche ne les a pas quittés. Ils sont arrivés à de grands résultats comme armement, discipline, nombre, intendance, état-major, mais il ne faut pas s'exagérer l'excellence de leur organisation au point de croire qu'ils soient devenus invincibles. Leur grande force a été de se mesurer avec nous alors que nous n'étions pas prêts : ils connaissaient de la manière la plus exacte ce que nous avions d'hommes, de canons, de chevaux, et ils savaient, en faisant la part des succès passagers qu'ils croyaient nous voir remporter au début, que nous étions hors d'état de continuer et de soutenir une guerre de quelque durée. Et cependant si Douai avait eu vingt mille hommes de plus, Mac-Mahon cinquante mille, que serait-il arrivé ? Le Français est irrésistible quand la fortune et la victoire lui semblent sourire ; les Bavarois auraient peut-être hésité, l'Autriche, par son attitude, eut peut-être immobilisé une armée prussienne, les armées de province auraient eu le temps de se former et, si nous avions eu le succès, nous entendrions dire maintenant de l'organisation militaire française tout ce que l'on dit de l'organisation militaire prussienne.

Une fois privés de nos troupes régulières, seuls, des *fous furieux*, pouvaient avoir la pensée de continuer la guerre avec des mobiles et des mobilisés sans armes, sans vêtements, sans vivres, sans chefs ; car, si les officiers subalternes faisaient en général leurs efforts pour suppléer par de la bonne volonté à leur inexpérience, la direction première a toujours manqué : et pour ne m'occuper que de l'armée du Havre, si le général Loysel fut arrivé au commencement (1), que tous les commandants supérieurs fussent retournés, le sous-préfet à ses administrés, les officiers de marine à leurs bateaux, le maire à sa municipalité, on aurait certainement fait quelque chose surtout au moment où Faidherbe forçait les Prussiens à réunir vers le nord tout ce qu'ils avaient de troupes en Normandie.

La ville du Havre a eu le triste rôle de priver la France de l'action d'une trentaine de mille hommes qui se seraient tout aussi bien conduits sur le champ de bataille que les armées du Nord et de la Loire. Le deuxième bataillon aurait, j'en suis sûr, fait vaillamment son devoir ; il a fait le sien, puisqu'il a courageusement enduré le froid, la faim, les maladies, les privations de toute sorte ; ces maux soufferts ensemble, les services mutuels que l'on a pu se rendre, ont établi entre les mobilisés du bataillon des rapports d'amitié dont je suis, pour ma part, fort heureux, et je puis dire qu'après le licenciement, le deuxième bataillon de la troisième légion est resté uni de cœur, d'amitié et de souvenirs.

B^{on} DE BOSMELET.

(1) Cet officier général ne vint prendre le commandement de l'armée du Havre que trop peu de jours, hélas ! avant la paix.

Rouen. — Imp. de H. BOISSEL, rue de la Vicomté, 55.